Alex Tetteyfio Bergfeld
&
Vladimíra Čabanová

Eine Puppe für Ashé

monika fuchs

Das ist Ashé.

Ashé ist vier Jahre alt,

spielt gerne Fußball ...

... und liebt Schmetterlinge.

Ashé kann schon die Buchstaben
A, S, H und É schreiben.
Das ist Ashés Name.

Ashé lebt mit den Eltern in einem wunderschönen Haus
in der Regenbogenstraße.
Sie lieben einander sehr und umarmen sich oft.
Denn Menschen brauchen so viele Umarmungen wie möglich,
um glücklich zu sein.

Am liebsten spielt Ashé mit Mika und den anderen Kindern draußen.
Wenn die Sonne scheint,
bemalen sie die ganze Straße mit Kreide.
Sie ist dann bunt wie ein Regenbogen.

Alle Kinder aus der Regenbogenstraße gehen in denselben Kindergarten.

Ihre Erzieherin heißt Frau Birke.

Ashé singt,

hilft beim Kochen ...

... und tobt gerne mit den
anderen Kindern herum.
Alle haben viel Spaß dort.

Eines Tages kommt Herr Doll zu Besuch.
Er hat eine Fabrik,
in der Puppen gemacht werden.

Herr Doll zeigt den Kindern seine Puppen
und sagt:
»Ihr dürft euch alle eine Puppe aussuchen
und mit nach Hause nehmen.«

Auch Ashé und Mika wollen sich eine Puppe aussuchen.

Als Herr Doll Ashé sieht, fragt er: »Na, wo kommst du denn her?«

»Hä? Ich war doch die ganze Zeit hier!«, antwortet Ashé.

»Das meine ich nicht. Du bist doch nicht von hier, von wo kommst du?«

»Ach so! Aus der Regenbogenstraße!«

»Nee, ich meine, von wo
kommst du wirklich?«

»Hab ich doch schon gesagt!
Aus der Regenbogenstraße!«

»Komm, Ashé,
ich will zu den Puppen!«,
drängelt Mika
und zieht Ashé mit sich.

Ashé und Mika suchen sich Puppen aus und setzen sich damit vor den großen Spiegel. Mika schaut erst sich und die eigene Puppe an.

Dann schaut Mika Ashé und Ashés Puppe an und fragt: »Ist das deine Puppe?«

Ashé nickt und lächelt.

Doch Mika sagt: »Die sieht ja gar nicht so aus wie du!«

Ashé sieht sich die Puppe genauer an.

Tatsächlich!

Die Puppe ist aus hellem Stoff – Ashé hat braune Haut.
Die Puppe hat grüne Augen – Ashé hat braune Augen.
Die Puppe hat glatte Haare – Ashé hat Locken.

Ashé schaut erst Mika
und dann alle anderen Kinder
und ihre Puppen an.

Wirklich – kein Kind und keine Puppe
sehen aus wie Ashé.

Traurig legt Ashé die Puppe
zurück in den Kasten.

Zuhause fragt Ashé die Eltern:
»Warum gibt es keine Puppe, die so aussieht wie ich?«

»Wie meinst du das?«

Ashé erzählt von Herrn Doll
und was im Kindergarten passiert ist.
Am Schluss sagt Ashé traurig:
»Jetzt haben alle Kinder eine Puppe, nur ich nicht.«

Die Eltern haben Ashé noch nie so traurig gesehen.

Sie sagen: »Wir verstehen, was du meinst
und warum du die Puppe weggelegt hast.«

Ashé schluchzt: »Ich will morgen nicht in den Kindergarten!«

Die Eltern nehmen ihr Kind fest in den Arm,
streicheln ihm sanft über den Rücken und beruhigen es:
»Wir haben dich sehr lieb. Du bist genau richtig – so, wie du bist.
Wunderschön bist du auch und einzigartig wie jeder Mensch auf der Welt.
Und wir finden bestimmt auch noch eine Puppe für dich!«

Als die Eltern Ashé an diesem Abend ins Bett bringen, bekommt Ashé viele Umarmungen und Gute-Nacht-Küsse.

Bevor sie aus dem Zimmer gehen, flüstern die Eltern:
»Wie wäre es, wenn du dir heute vor dem Einschlafen eine Puppe wünschst, die so aussieht wie du? Du weißt doch, dass Wünsche in Erfüllung gehen, wenn sie von Herzen kommen.«

Ashé schließt die Augen,
sammelt alle Energie
und sagt laut und deutlich:
»Ich wünsche mir eine Puppe,
die so aussieht wie ich!«

Die Eltern haben nämlich schon eine Idee,
wie Ashé wieder fröhlich werden kann.

Aber zuerst rufen sie Frau Birke an und erzählen ihr,
warum Ashé traurig aus dem Kindergarten zurückgekommen ist.

Frau Birke sagt: »Oh, darüber haben wir gar nicht nachgedacht!
Aber es stimmt: Alle Puppen waren aus hellem Stoff
und keine sah so aus wie Ashé.«

Und dann sagt sie noch: »Es tut mir leid,
dass ich nicht gemerkt habe,
dass Ashé mich gebraucht hätte.
Ich werde morgen mit Ashé darüber sprechen.«

Nachdenklich verabschiedet sich Frau Birke.

Ashés Eltern aber schneiden, nähen, sticken und basteln
die ganze Nacht lang.

Am Morgen wecken die Eltern Ashé sehr früh.

Auf dem Tisch sitzt eine Puppe.
Sie ist aus braunem Stoff,
hat braune Augen und braune Locken.

»Guck mal, wer da die ganze Nacht
auf dich gewartet hat!«,
sagen die Eltern lächelnd.

Ashé springt aus dem Bett, läuft zum Tisch,
nimmt die Puppe in den Arm und sagt glücklich:
»Du siehst ja genauso aus wie ich!«

Jetzt kann Ashé es kaum erwarten,
in den Kindergarten zu gehen.

Stolz ruft Ashé: »Guckt mal, meine neue Puppe. Die sieht genauso aus wie ich!«

»Die ist ja schön!«, sagt Mika. »Darf ich die auch mal halten?«

»Na klar!«, sagt Ashé.

Frau Birke steht in der Tür und beobachtet die Kinder. Sie geht zu ihnen, hockt sich vor Ashé hin und sagt: »Deine Puppe ist ja wunderschön, Ashé. – Wie geht es dir heute?«

»Gut«, antwortet Ashé strahlend.

Alex Tetteyfio Bergfeld
Vladimíra Čabanová

Eine Puppe für Ashé

Alex Tetteyfio Bergfeld

Beiheft

Anna van Hoorn

monika fuchs

»Warum hat mir nie jemand erklärt, was Rassismus ist?«

Diese Frage habe ich mir jahrelang gestellt und daraufhin angefangen, die Geschichte »Eine Puppe für Ashé« zu schreiben.

Ich heiße Alex Tetteyfio Bergfeld. Ich wurde 1988 in Bonn geboren. Meine Mutter ist *weiß*[1] und Deutsche, mein Vater ist Schwarz[2] und Ghanaer.

Dieses Buch ist ein Appell an Erwachsene, die mit Kindern sind, umgehen und leben, Rassismus so früh wie möglich zu thematisieren. So werden Kinder schon zeitig gestärkt und unterstützt, ein besseres Selbstbewusstsein zu entwickeln. Sie lernen, sich selbst, ihre Haare, ihre Haut und alles andere an sich noch mehr zu lieben.

Bevor das Buch Kindern gezeigt wird, empfehle ich, erst das Kinderbuch und anschließend das Beiheft zu lesen. Dabei ist es wichtig, das Gelesene auf sich, die Familienkonstellation bzw. die Einrichtung und die Umgebung der Kinder zu beziehen. Wenn eigenständig reflektiert und recherchiert wurde, kann das Bilderbuch vorgelesen und gemeinsam angeschaut werden. Währenddessen oder im Anschluss können sich Vorlesende und Zuhörende über einzelne Begriffe, Situationen und eigene Erfahrungen austauschen.

Ich selbst bin kein Experte für Rassismus, sondern erfahre Rassismus. Ich entscheide mich bewusst dafür, meine Erfahrungen, mein erlerntes Wissen zu teilen. Daher weise ich unter »Literaturtipps« auf Medien, unter anderem von Expert*innen, hin, die tiefe und weitreichende Recherche zu diesem Thema ermöglichen.

Auch ich bin nach wie vor im Prozess, den internalisierten Rassismus zu verlernen, und habe deshalb täglich neue Erkenntnisse. Ich mache neue Erfahrungen, die mich neu einordnen und reflektieren lassen. Es ist ein höchst anspruchsvoller und intensiver Prozess. Doch ich bin auf dem Weg der Heilung.
Im ersten Teil erzähle ich etwas über mich und leite das Beiheft mit einem Einblick in mein Leben ein.

---

1 »*weiß* beschreibt keine biologische Farbe, sondern bezeichnet eine konstruierte Identität.Diese Bezeichnung wird als Adjektiv klein geschrieben, die kursive Schreibweise soll auf den konstruierten Charakter der Bezeichnung hinweisen.« (aus: *Autor*innen Kollektiv Rassismuskritischer Leitfaden*).

2 »Schwarz (in der Gegenüberstellung zum konstruierten *weiß)* bezieht sich hier nicht auf biologistische Merkmale, sondern auf das Selbstverständnis einer Personengruppe, die als Reaktion auf die Abwertung ihrer afrikanischen Herkunft im rassistisch-konstruierten Machtgefüge von *weiß*/Schwarz, ihr Bewusstsein genau daraus ableitet, Schwarz als positiv umdeutet und dies durch Großschreibung signifikant macht.« (aus: *Autor*innen Kollektiv Rassismuskritischer Leitfaden*)

Im zweiten Teil habe ich die unterschiedlichen Phasen, die Ashé in »Eine Puppe für Ashé« erlebt, beschrieben. Passend dazu habe ich meine eigenen Wahrnehmungen, Informationen und Reflexionen, die mir geholfen haben, Rassismus besser zu verstehen, zusammengefasst.

Ich möchte den Leser*innen die Möglichkeit geben, ein besseres Bewusstsein für Rassismus zu entwickeln, eigenständig zu dieser Thematik zu recherchieren und zu reflektieren. Ich wünsche mir für die nächsten Generationen eine rassismusarme Welt. Doch Rassismus muss grundlegend verstanden werden, damit sich grundlegend etwas verändern kann. Es gehört viel Arbeit dazu, Rassismus wirklich zu verstehen, ein Bewusstsein dafür zu entwickeln und seine eigenen Denkstrukturen zu bearbeiten, um diese am Ende wesentlich und nachhaltig zu ändern.

Über meine Familie und mich

Als junger Mann studierte mein Vater Tanz an der *University of Ghana* in Legon (Accra). Nachdem er mit dem *Ghana Dance Ensemble* in den unterschiedlichsten Ländern performt hat, ist er 1979 nach Deutschland gekommen und geblieben. Schnell hatte er seine eigene Band, das *Kalifi Dance Ensemble*, gegründet.

Meine Mutter und ihr älterer Bruder sind behütet mit ihren Eltern in der Nähe von Lüdenscheid aufgewachsen. Nach dem Abitur entschied sie sich für eine Landwirtschaftslehre. 1986 organisierte sie ein Konzert für *Kalifi* in Göttingen, auf dem sich meine Eltern kennenlernten.

Nach meiner Geburt im Januar 1988 haben wir gemeinsam auf einem Hof in der Nähe von Göttingen gelebt. Wir drei, immer mindestens acht Bandmitglieder aus Ghana und befreundete Familien meiner Mutter aus Deutschland. Ich habe die Zeit eher als ein Gefühl abgespeichert. Als ein Gefühl von Familie, ein Gefühl von Zuhause, von »Schwarz und *weiß* zusammen«, ein Gefühl von Regenbogenstraße.

Zweieinhalb Jahre später ereigneten sich zwei sehr bedeutsame Dinge in meinem Leben. Mein Bruder wurde geboren und fast zeitgleich trennten sich meine Eltern. Die Gemeinschaft auf dem Hof zerbrach und ich reiste anschließend mit meinem Vater für drei Monate nach Ghana. Aus dieser Zeit in Ghana habe ich ebenfalls eher ein Gefühl abgespeichert. Ein Gefühl von Neugier, Freude, Trauer und Abenteuer. Ich habe viel Zeit mit den Menschen verbracht, die im Haus oder in der Nachbarschaft wohnten.

Als ich drei Monate später lachend aus dem Gateway kam, nahm mich meine Mutter endlich wieder in die Arme. Aber ich hatte die deutsche Sprache verlernt. Ich sprach nur Ga und brauchte ein paar Tage, um mich an die wenigen deutschen Worte zu erinnern, die ich vor meiner Reise gelernt hatte.

Ich habe früh erfahren müssen, dass ich in Deutschland als Schwarze Person und in Ghana als *weiße* Person wahrgenommen und behandelt werde. Dadurch ist eine Zerrissenheit und Einsamkeit in mir entstanden. Eine einfache und doch so tiefe und weitreichende Frage beschreibt dieses Gefühl sehr gut:

Wo gehöre ich hin?

Diese Frage führte dazu, dass ich im Alter von zweieinhalb Jahren angefangen habe, Bewältigungsstrategien zu entwickeln.

Wie verhalte ich mich, um akzeptiert zu werden?
Wie verhalte ich mich, um von Schwarzen Menschen akzeptiert zu werden?
Und insbesondere:
Wie verhalte ich mich, um von *weißen* Menschen akzeptiert zu werden?

Im Laufe der nächsten Jahre habe ich viel beobachtet und schnell verstanden. Ich habe viel überkompensiert, indem ich viel gelächelt habe, überfreundlich war, damit ich so unauffällig wie möglich in einer *weißen* Mehrheitsgesellschaft erscheine. Doch im Inneren war ich sehr verletzlich, ängstlich, einsam und habe Konflikte weitestgehend vermieden. Mein jüngerer Bruder, Jonathan Tei, hat mir durch diese Zeiten geholfen. Ohne ihn wäre ich wirklich allein gewesen.

In dem kleinen Dorf im Norden Deutschlands, in dem wir aufgewachsen sind, waren alle außer meinem kleinen Bruder und mir *weiß*. Ich war mit *weißen* Menschen zusammen – immer. Ich habe also viele Jahre damit verbracht zu lernen, wie ich mich am besten verhalte, um nicht (vermeintlich) »negativ« aufzufallen, um mein Erscheinungsbild (vermeintlich) »positiv« wirken zu lassen, keine sogenannten Klischees und Stereotypen zu erfüllen, damit ich keine Reibungspunkte bieten kann. Ich habe mich durch und durch an die *weiße* Mehrheitsgesellschaft angepasst und dies tat ich unterbewusst.

24 Jahre lang habe ich diese unzähligen Masken getragen. Erst mit 26 Jahren wurde mir das erste Mal Rassismus richtig erklärt. Mit einem Schlag wurde mir klar, wie viel Schmerz und Trauer sich hinter meinen Masken eigentlich verbirgt. Wie viel Rassismus ich in meinem Leben erfahren habe, ohne ihn bewusst wahrzunehmen. Wie viel ich geschluckt und vergraben habe, ohne es wirklich greifen zu können. Wenn Menschen mich heute nach meinen Ras-

sismuserfahrungen fragen, sage ich immer, dass ich in meinem Leben durchschnittlich jeden Tag Rassismus erlebt habe. Es ist schwer, sich als betroffene Person an die genauen Abläufe von Situationen zu erinnern und diese wiederzugeben. Es fühlt sich manchmal unmöglich an, Rassismus zu erklären. Heute verstehe ich, dass auch dies eine Bewältigungsstrategie ist.

Das Erkennen von rassistischen Strukturen in meinem bisherigen Leben führte dazu, dass ich in Trauer versunken bin. Danach wurde ich sehr wütend. Wütend auf *weiße* Menschen, wütend auf Schwarze Menschen, wütend auf meine Mutter, wütend auf meinen Vater.

Warum hat mir nie jemand erklärt, was mir jeden Tag passiert?

Die nächsten vier Jahre habe ich mich intensiv mit Rassismus beschäftigt. Mich mit Menschen unterhalten, die ähnliche Erfahrungen gemacht haben. Bücher gelesen, die mir nicht nur erklärt haben, was hinter meinen Gefühlen steckt, sondern auch, was sich noch hinter dem Begriff Rassismus verbirgt. Rassismus bedeutet auch Alltagsrassismus, Mikroaggressionen, Kolonialismus, postkoloniale Kontinuitäten – you name it. Es hat viel Arbeit und Zeit gekostet, die richtigen Informationen herauszufiltern und traumatische Erfahrungen eigenständig aufzuarbeiten.

Mir ist schnell klar geworden, dass es nicht möglich ist, Rassismus zu reflektieren, ohne jegliche andere Formen von Diskriminierungen mit einzubeziehen. Ich habe mir Rassismus und andere Diskriminierungsformen bewusst gemacht, weil ich, genau wie alle anderen Menschen, diese Strukturen verinnerlicht und reproduziert habe. Mir wurde erst dann bewusst, dass ich genauso diskriminierende Gedankengänge wie alle anderen gelernt habe und auch in Schubladen denke. Ich musste also den internalisierten Rassismus verlernen. Nur diese Erkenntnisse gaben mir die Möglichkeit, die sozialisierten Abläufe zu erkennen, neu zu erlernen und zu ersetzen. Die Schubladen aufzulassen, auszumisten, und dann mit mehr Wissen, mit höherem Bewusstsein, mehr Empathie und reflektierten Gedankengängen zu füllen. Nochmal: Dieser Prozess bedeutet viel Arbeit, welche aber notwendig für jeden einzelnen Menschen ist, um internalisierte rassistische Strukturen zu verlernen.

Hier ist also mein Ansatz, um das Thema für sich, mit Kindern, innerhalb der Familie, im Kindergarten, in einer Schulklasse zu bearbeiten und Ansätze für tiefere Recherchen zu finden. Ich erkläre also nicht nur einige Begriffe oder Situationen, die in meinem Buch vorkommen, sondern erwähne auch, was mich unterstützt hat, Rassismus besser zu begreifen.

Die Figuren und Begriffe aus dem Buch

Der Begriff Ashé

Ashé ist ein Begriff aus der Sprache Yoruba, die hauptsächlich im heutigen Nigeria, Benin und Togo gesprochen wird. *Ashé* beschreibt eine universale Lebensenergie, die in allem und jedem einzelnen Lebewesen steckt. Sie gibt die geistige Kraft, um sich selbst zu verwirklichen und Wandel voranzutreiben.

Die Hauttöne

Ashé ist die einzige Person in meinem Buch, die Schwarz ist. Alle anderen Kinder und auch Erwachsenen (nur die Konstellation der Eltern von Ashé lasse ich bewusst offen) sind *weiß*. Unabhängig davon, welche unterschiedlichen Realitäten es in einer Gesellschaft gibt, möchte ich somit das Gefühl des Alleinseins verdeutlichen. Darüber hinaus entspricht das Setting meiner Realität und den Erfahrungen, die ich als Schwarz gelesene Person in Deutschland gemacht habe.

Ashé als Hauptperson im Buch

Ashé ist geschlechtsneutral und auch äußerlich ist kein Hinweis auf eine Geschlechtskategorie zu erkennen. Für mich ist es wichtig, dass so viele Menschen wie möglich sich besser mit dem Charakter Ashé identifizieren können, sich angesprochen und verstanden fühlen.

Mika

Auch Mika ist geschlechtsneutral. Mika steht für nicht-Schwarze Kinder, Freunde, Familie und Bekannte, die sowohl bewusst als auch unbewusst Rassismus miterleben und oft reproduzieren (dazu später mehr).

Die Eltern

Es war mir wichtig, die Zusammensetzung der Eltern bewusst offen zu lassen. Deshalb nenne ich sie »die Eltern«. Jeder Mensch hat seine eigene Geschichte zu erzählen und ich möchte dem so viel Spielraum wie möglich geben.

Frau Birke

Sie steht sinnbildlich für eine erwachsene Person, die in Institutionen wie Kindergärten, Schulen, Vereinen, o. Ä. tätig ist. Frau Birke hat nicht bewusst wahrgenommen, was Rassismus ist, bis die Eltern sie darüber informieren. Ihre Reaktion auf das Telefonat und die anschließende Kommunikation mit Ashé soll ein Beispiel dafür sein, wie erst reflektiert und anschließend angemessen darauf reagiert werden kann, wenn Kinder in Institutionen von Rassismus betroffen sind.

Herr Doll

Spiegelt hier einen *weißen* Menschen wider, der nicht von Rassismus betroffen ist und sich bisher nicht damit auseinandergesetzt hat, was es bedeutet, sich von der *weißen* Mehrheitsgesellschaft zu unterscheiden. Er hat weder bedacht diverse Puppen mitzubringen/zu produzieren, noch ist ihm bewusst, was er mit der Frage: »Woher kommst du?« auslöst.

Erläuterungen zum Buch »Eine Puppe für Ashé«

Seite 2–9

Auf den Seiten 2–9 wird Ashé im Alltag und Umgang mit sich und dem eigenen Umfeld dargestellt. Ashé führt ein glückliches Leben mit Familie und Freund*innen. Mika taucht hier das erste Mal auf. Rassismus wird uns strukturell früh durch Sprache, Kultur und Gesellschaft vermittelt. Durch Kinderlieder, Gedichte, Filme, Märchen oder Schulbücher werden wir schon im frühesten Kindesalter mit Rassismus konfrontiert. Deshalb ist es so wichtig, Rassismus so früh wie möglich mit Kindern zu thematisieren.

Rassismus, welcher strukturell, institutionell und individuell besteht, ist eine menschengemachte Ideologie. Durch sie besteht die Illusion, dass Menschen in rassistischen, hierarchischen Kategorien existieren. An diesen alten, hierarchischen Rassentheorien, unter anderem von Kant im 18. Jahrhundert in der Zeit der Aufklärung formuliert, halten wir in unserer Gesellschaft noch immer

fest. Es sind Theorien, durch die eine Spaltung der Menschheit ermöglicht wurde. Sie lassen uns noch immer glauben, dass eine Gruppe mehr oder weniger wert, entwickelt, sozialisiert oder intelligent ist als eine andere. Diese rassistischen Hierarchien berufen sich auf Pseudowissenschaften, welche widerlegt worden sind – es gibt keine sogenannten menschlichen »Rassen«! Doch leider existieren diese globalen, rassistischen Denkstrukturen immer noch.

Rassismus, welcher alltäglich stattfindet, ist nicht nur ein politisch rechtes Randphänomen, sondern ist für viele Realität und wahrhaftig. Es wird noch einige Jahre dauern, bis genug Bewusstsein in der Gesellschaft dafür geschaffen worden ist, dass Rassismus einer Ideologie entspringt, welche die Illusion aufrechterhält, dass nur *weiße* Menschen der Norm entsprechen.

Ein maßgeblicher Faktor, der zu dieser Sichtweise beigetragen hat, ist die Kolonialisierung. Diese wurde durch die Ideologie, dass Europa zivilisiert und andere Kontinente unzivilisiert seien, gerechtfertigt.

Erst durch die bewusste Entwürdigung und Entmenschlichung durch das sogenannte fortschrittliche, humanistische Europa konnten die afrikanischen Länder ausgebeutet und unterdrückt werden. Alles unter dem Vorwand der Zivilisierung – und sogar unter dem Vorwand, den Handel mit Versklavten zu bekämpfen (der ja vorher erst durch die Europäer*innen befeuert wurde).

Nachdem sich die europäischen Länder in den kolonialisierten Ländern oft gegenseitig bekriegt haben, wurde zur Berliner Konferenz im Jahre 1884 geladen. Die Führer der kolonisierenden europäischen Länder, ein Vertreter der USA und des Osmanischen Reiches haben Afrika unter sich aufgeteilt, als wäre es ein Kuchen. Die damals dort mit dem Lineal auf Landkarten gezeichneten Grenzen, welche dadurch oft sehr geradlinig und willkürlich sind, haben zahlreiche Gemeinschaften und Gruppen zerrissen und existieren noch heute. Neben anderen europäischen Sprachen werden Französisch oder Englisch in afrikanischen Ländern als Nationalsprachen betitelt und als Sprache der Gebildeten und Mächtigen in den Schulen unterrichtet. Daher sind die Schulsysteme auch heute nach wie vor eurozentrisch. Auf diese Weise wird weiterhin verhindert, Wissen über die eigene Geschichte, die eigenen Sprachen zu erhalten, sich an Schwarze Philosoph*innen, Held*innen, Vordenker*innen und Vorbilder*innen zu erinnern. Somit wird strukturell Erinnerungskultur an ein in sich funktionierendes und florierendes System, das schon existierte, bevor Europa einen derartig gewaltsamen Einfluss auf Afrika genommen hat, verhindert. Afrikas Geschichte beginnt nicht erst mit der Kolonialisierung und der *Maafa*, denn es ist kein geschichtsloser Kontinent, wie es in den deutschen und europäischen Geschichtsbüchern geschrieben steht.

Der Begriff *Maafa* (aus dem Swahili, wörtlich übersetzt »Großes Unglück«) ist ein Versuch, eine Bezeichnung für die oft unaussprechlichen Grausamkeiten zu finden, welche Afrikaner*innen von Nicht-Afrikaner*innen, insbesondere von Europäer*innen und Araber*innen, angetan wurden. Gleichzeitig betont der Begriff die heute wirksamen kulturellen, sozialen, geographischen und wirtschaftlichen Auswirkungen dieser Unterdrückungsstrukturen. Ein zentraler Aspekt ist die Verschleppung und die Versklavung von Afrikaner*innen – über den Atlantik in die Amerikas (auch: »Transatlantischer Sklavenhandel«) und in Ost- und Nordafrika und im Mittleren Osten (auch: »Ostafrikanischer Sklavenhandel«). Der Begriff *Maafa* wurde zuerst von Marimba Ani in ihrem Buch *Let the Circle Be Unbroken: The Implications of African Spirituality in the Diaspora* eingeführt. Die Unterdrückung Schwarzer Afrikaner*innen durch Europa geschah mit Versklavung (Beginn durch Portugal ab 1444) und Kolonialismus (bis die Siedlerkolonie Südafrika 1994 eine – zumindest formal-politische – Überwindung der Apartheid erreichte) über einen Zeitraum von mehr als 500 Jahren hinweg. Sie dauert heute durch neokoloniale Strukturen an. Schätzungen, wie viele Menschen verschleppt und versklavt wurden, sind komplex. Historiker*innen schätzen, dass zwischen 1520 bis 1867 elf bis zwölf Millionen verschleppte und versklavte Menschen die Amerikas lebend erreichten – und unglaublich viele weitere im Zusammenhang mit der Verschleppung in Afrika und auf den Überfahrten getötet wurden. Es geht um ihre Entwurzelung, ihre Versklavung, ihre Entmenschlichung und Manipulation seitens der Unterdrücker*innen. Es ist das größte Verbrechen der Menschheitsgeschichte. Doch dieses Szenario wird kaum an Schulen unterrichtet, weder hier in Deutschland noch in anderen europäischen Ländern. Außerdem wird nicht darüber gesprochen, wie dieses Verbrechen dazu geführt hat, dass insbesondere der globale Norden noch heute davon profitiert. Die daraus resultierende Industrialisierung, Infrastruktur, Häfen, Städte, Firmen, Reichtümer – basieren alle auf *Maafa*. Das Wissen über Hafenstädte wie Hamburg, Kopenhagen oder meine Heimatstadt Flensburg sowie ihre Verbindung und Einfluss auf die Kolonialisierung sind offensichtlich, aber werden verschwiegen. Schwarze Menschen wurden ihrer Wurzeln beraubt, ihren Familien entrissen und nach (den) Amerika(s) gezwungen. Bis heute werden sie unterdrückt und dafür diskriminiert, dass sie sich in Teilen der Welt befinden, die sie nie selbst als ihr Zuhause auserkoren haben. Das ist paradox!

Auch die Kirche, welche eine tragende Rolle während der gewaltsamen Kolonialisierung hatte, nimmt bis heute einen großen Einfluss. Denn auch sie war ein maßgeblicher Faktor und kategorisierte afrikanische Menschen als religionslose und unzüchtige Menschen, die bekehrt werden mussten, obwohl Glaubenssysteme und Religionen bereits bestanden.

Dies sind nur wenige Beispiele für den noch immer anhaltenden Einfluss, den Europa auf Afrika hat. Doch die Geschichte wird mehrheitlich nur aus der Sicht der Unterdrücker*innen vermittelt und gelehrt. So steht es in deutschen Geschichtsbüchern, so wird es in den Schulen unterrichtet oder von politischen Entscheidungsträger*innen vertreten.

Daher ist die Dekolonialisierung in so vielen Bereichen essenziell. So möchte ich den Fokus auf den Begriff *Koloniale Amnesie* richten, welcher insbesondere den Wissenszustand des globalen Nordens beschreibt. Der Begriff *Amnesie* bezeichnet nicht nur das Vergessen, sondern auch die bewusste Verdrängung der Mittäterschaft bei der Kolonialisierung und der *Maafa*. Denn das Eingestehen dieser Täterschaft und Gräueltaten würde auch bedeuten, dass Verantwortung übernommen werden muss, welche gleichzeitig neben einer offiziellen Entschuldigung auch Reparationszahlungen seitens der europäischen Kolonisten beinhaltet. Damit wäre der Wohlstand des globalen Nordens in Gefahr. Ein Beispiel hierfür ist die noch immer anhaltende Diskussion zwischen Namibia und Deutschland hinsichtlich des Genozids an den Herero und Nama Anfang des 20. Jahrhunderts.

Seite 10–13

Auf den Seiten 10–13 stelle ich Alltagssituationen dar, in denen Ashé Rassismus erfährt. Zuerst durch Herrn Doll. Bei Ashé entsteht hier noch keine bewusste Wahrnehmung von Rassismus, eher eine Verwirrung. Die Fragen, die Herr Doll auf Seite 12 und 13 stellt (Wo kommst du her? Wo kommst du wirklich her?), sind unbegreiflich für Ashé. Herkunft bedeutet für Ashé Regenbogenstraße und das wiederum bedeutet für Ashé Zuhause. Wie bei mir wird das Zuhause erst durch äußere Einflüsse infra-

ge gestellt. Erst durch äußere Einflüsse entsteht ein Gefühl, dass ich »am falschen Ort« bin oder mich dafür rechtfertigen muss, wo ich geboren bin oder lebe. Auch Mika wird durch diese rassistischen Aussagen beeinflusst. Mika hört Herrn Doll zu und verinnerlicht seine Aussagen. Mika internalisiert Rassismus und reproduziert ihn auf den Seiten 14 und 15 (dazu später mehr). Auch wichtig zu erwähnen ist, dass Frau Birke in dieser Situation nicht eingreift, um Ashé vor Rassismus zu schützen.

Konkrete Beispiele für Rassismus

Ich möchte einige persönliche Rassismuserfahrungen teilen. Doch, bevor ich konkrete Beispiele gebe, erkläre ich den Begriff Mikroaggression. Dieser beschreibt übergriffige, kaum erkennbare, alltägliche rassistische Situationen. Sie können zu *Racial Stress* (Stress, den rassifizierte Menschen verspüren) führen und wiederum posttraumatische Belastungsstörungen auslösen.

TW: Im Folgenden können von Rassismus betroffene Menschen **getriggert** werden.

Eine typische Situation, in der eine Mikroaggression stattfindet, ist das Stellen der folgenden, scheinbar harmlosen Frage:

»Woher kommst du?« oder »Wo kommst du wirklich her?«

Die Message/Mikroaggression dahinter ist: »Du kommst nicht von hier!«, »Du gehörst hier nicht dazu! Du bist fremd!«, »Wie bist du hergekommen?«

Insgesamt ist es ein Aberkennen der Daseinsberechtigung, wenn man sich ungefragt rechtfertigen muss, auch vor fremden Personen. In Bezug auf meine persönliche Geschichte im ersten Teil ist es vielleicht besser nachzuvollziehen, was diese Frage in mir auslöst und als Kind ausgelöst hat. Ich müsste meine ganze Lebensgeschichte erzählen und mich der »Wo gehöre ich hin?«-Frage widmen. Für mich ist es insbesondere schwer, wenn »Woher kommst du?« eine der ersten Fragen während eines Kennenlernens ist. Es verunsichert mich, weil ich mein Gegenüber nicht kenne und in mir das Gefühl hochkommt, dass ich auf meine Herkunft reduziert werde. Ich werde in eine Schublade gesteckt und genau dann fange ich an, eine Rolle einzunehmen, eine Maske aufzusetzen. Ich wünsche mir, dass Menschen an meiner Persönlichkeit interessiert sind, unabhängig davon, wo ich oder meine Eltern geboren sind.

Wenn ich darauf aufmerksam mache, dass die Frage für mich eine Komplikation darstellt, höre ich von nicht betroffenen Personen dann oft Sätze wie:

»Stell dich nicht so an!«, »Das ist doch jetzt nicht schlimm!«, »Man kann doch nicht immer und überall Rücksicht nehmen!«, »Was darf man denn überhaupt noch sagen?«, »Das ist doch nur reines Interesse!« – Die Message/ Mikroaggression dahinter ist: Die eigenen Erfahrungen werden durch diese Aussagen von Rassismus nicht betroffenen Personen relativiert, als betroffener Mensch wird man nicht ernst genommen. Außerdem werden die Wahrnehmungen der betroffenen Person angezweifelt und die Gefühle komplett ignoriert.

Man stelle sich vor, Tag für Tag mit Mikroaggressionen konfrontiert zu sein. Es ist kaum auszuhalten. Es gibt unendlich viele rassistische Situationen, die ich erlebt habe. Ich wurde bereits öfter darum gebeten, konkrete Beispiele für Rassismus zu nennen und selbst jetzt, beim Schreiben dieser Sätze, fällt es mir unglaublich schwer. Diejenigen, die von Rassismus betroffen sind, erleben unterschiedliche (und doch irgendwie gleiche/ähnliche) Situationen und reagieren unterschiedlich, denn wir sind divers! Jedoch möchte ich im Folgenden einige wenige Beispiele aus meinem Leben geben, die sicherlich mit denen vieler anderer vergleichbar sind und manche Betroffene erlebt haben.

TW: Im Folgenden können von Rassismus betroffene Menschen **getriggert** werden.

Wie ich Rassismus erlebe:

- Mir wird ohne zu fragen in die Haare gefasst.
- Meine körperlichen Attribute werden dauernd sowohl positiv als auch negativ kommentiert, hervorgehoben und stigmatisiert.
- *Racial Profiling:* Ich werde immer wieder und ohne Grund von der Polizei kontrolliert. Zuletzt auf dem Bahnsteig: »Wo wollen sie hin? Darf ich bitte mal Ihren Ausweis sehen?«
- Ich werde angestarrt.
- Ich werde für mein Aussehen ausgelacht.
- N-Wort[3]- Witze.
- Ich werde mit irgendeinem schwarzen/braunen Gegenstand verglichen: »Du siehst aus wie ...«

---

3 »N-Wort (wobei der Buchstabe N nur die Funktion eines Platzhalters hat) ist eine Fremdbezeichnung. Dieser Begriff ist ein rassistischer und abwertender Ausdruck ursprünglich für Afrikaner*innen der Sub-Sahara, welcher im Zuge der Kolonialzeit entwickelt und zur Einordnung eingesetzt wurde. Der Begriff ist daher nie losgelöst von seiner Entstehungsgeschichte- und zwar als die gezielte Entwürdigung und Entmenschlichung Schwarzer Menschen zu sehen.« (aus *Exit Racism* von Tupoka Ogette)

- Mir werden rassistische Spitznamen gegeben.
- Ich werde dauernd mit berühmten Persönlichkeiten verglichen, die genau wie ich nicht *weiß* sind oder eine ähnliche Haarstruktur besitzen.
- Ich erfahre oft Rassismus durch vermeintlich positive Anmerkungen, die sich darauf beziehen, dass ich Schwarz bin. Diese rufen in mir dasselbe Unbehagen hervor. Ich möchte nicht dauerhaft darauf aufmerksam gemacht werden, dass ich »besser tanze«, »schneller laufe« oder darum beneidet werden, dass ich »nicht ins Solarium gehen muss«, weil ich Schwarz bin. All dies sind Dinge, die ich anders und absolut nicht als schmeichelnd oder Kompliment wahrnehme.

Seite 14—17

Auf den Seiten 14 und 15 spricht Mika eine Wahrheit aus. Ashé unterscheidet sich durch Hautton, Augenfarbe und Haarstruktur von der *weißen* Puppe. Das Problem hierbei ist, dass es keine Puppe gibt, die Ashé ähnelt. Dafür sind die Erwachsenen und ihre Unwissenheit über diese Thematik verantwortlich. Weder Herr Doll noch Frau Birke sind sich im Klaren darüber, womit Ashé konfrontiert wird – bzw. was es bedeutet, sich äußerlich von der *weißen* Mehrheitsgesellschaft zu unterscheiden und keine eigenen Repräsentationsmöglichkeiten in Spielsachen und Büchern zu finden. Ashé erfährt also eine Bewusstseinserweiterung und vergleicht sich mit den Menschen um sich herum. Wie schon erwähnt, internalisiert Mika Rassismus auf den Seiten 11 und 12. Dadurch erst und durch die Eigenbetrachtung im Spiegel wird Mika darauf aufmerksam, dass Ashé sich von der Puppe unterscheidet und macht daraufhin Ashé darauf aufmerksam.

David Amoateng, dessen Firma »LITTLE ASHÉ organic friends« Schwarze Bio-Stoffpuppen in Ghana produziert, und ich möchten mit diesem Buch einen Lösungsansatz für Situationen wie diese schaffen. Es soll ein Beispiel, eine Inspiration dafür sein, wie Kinder darin unterstützt werden können, ein besseres Gefühl zu sich selbst und ihren Mitmenschen zu entwickeln.

Seite 18–23

Ich möchte auf diesen Seiten ausdrücken, wie wichtig es ist, dass Eltern und erwachsene Menschen zuhören. Die Eltern versuchen nicht, das Ganze schönzureden oder Ashés Gefühle anzuzweifeln. Sie hören zu und suchen nach einer Lösung für das geschilderte Problem. Die Eltern informieren auch die Institution, in diesem Fall Frau Birke, darüber, wie Ashé die ganze Situation wahrnimmt. Dies ist aufgrund von institutionellem Rassismus unglaublich wichtig.

Es ist wichtig, dass *weiße* Menschen, Eltern, Erziehungsberechtigte, Menschen im Bildungssektor, Menschen, die im direkten Kontakt zu Kindern stehen, sich Wissen zu dieser Thematik aneignen. Außerdem müssen Personen, die von Rassismus nicht betroffen sind, lernen zuzuhören. Denn sie profitieren von den bestehenden rassistischen Strukturen – auch unbewusst. Demnach ist es notwendig, dass diese eigenen Privilegien in dieser Machtstruktur erkannt, anerkannt und genutzt werden, damit ein Umgang mit Rassismus herbeigeführt werden kann und die Reproduktion von Rassismus final eingedämmt wird. Es ist notwendig, dass *weiße* Menschen Verantwortung übernehmen. Dass sie sich über Rassismus informieren, aktiv dagegen angehen und ihre privilegierte Position im System aufgeben. Denn Antirassismus ist weder als ein Bildungsauftrag von Betroffenen, die von diesen rassistischen Systemen unterdrückt werden, zu verstehen, noch ist es ihre Aufgabe diese Bildungslücke zu schließen.

Seite 28–29

Auf den letzten Seiten des Buches sieht man Mika mit Ashés Puppe im Arm. Ashé hält dafür Mikas Puppe. Ich zeige hier eine Situation, die den Beginn einer Heilung darstellt. Mir ist sehr wohl bewusst und das geht auch aus meinen Texten hervor, dass damit nicht alles bereinigt, vergessen und Rassismus für be-

endet erklärt werden kann. Die Puppe allein wird Ashé in Zukunft nicht vor übergriffigen Situationen bewahren. Dass die Eltern, Herr Doll und Frau Birke erkannt haben, dass Ashé diskriminiert wird, ist nur der Anfang, ein erstes Erwachen in einem langen Prozess der Selbstreflektion. Es hat ein Prozess begonnen, der ermöglicht zu begreifen, wie weitreichend Rassismus ist und wie aktiv dagegen vorgegangen werden muss.

Dieses Buch ist meine Einladung dazu, mehr Verantwortung zu übernehmen und sich mit Rassismus und anderen Diskriminierungsformen auseinanderzusetzen. Nicht nur für eine Projektwoche oder ein paar Tage, sondern im Alltag, bis es im Bewusstsein ist und wir den Weg ebnen können für die nächsten Generationen. Mit diesem Buch möchte ich meinen Beitrag leisten, mehr über Rassismus aufzuklären und Menschen dafür zu sensibilisieren. Ich wünsche mir, dass BIPoC4 nicht mehr unter Rassismus leiden müssen und keine Diskriminierungen mehr erfahren. Deshalb möchte ich *weiße* Menschen dazu auffordern, Verantwortung für diese systemische Gewalt und Unterdrückung zu übernehmen, indem sie sich ernsthaft dieser Thematik widmen und wir in Zukunft alle endliche Heilung von diesem Trauma finden können. Ich möchte nicht bemitleidet werden, sondern Aufsehen erregen, wachrütteln und unterstützen. Es macht müde, immer wieder zu erklären, was mir und anderen passiert. Es erschöpft, darüber zu diskutieren, ob Rassismus wirklich existiert. Es ist anstrengend, mein Dasein ständig erklären und rechtfertigen zu müssen. Ich bin nicht nur müde, sondern auch zutiefst verletzt über diese anhaltende Ignoranz.

Ich möchte auch andere Menschen, die Ähnliches erleben, dazu motivieren, sich mitzuteilen. Damit möchte ich zu einer Gruppe junger Menschen überleiten, die mich im Sommer 2020 das erste Mal zu ihrem *Afrodeutschen Spielkreis* eingeladen hat. 15 Kinder und Jugendliche im Alter von 6 bis 14 Jahren treffen sich regelmäßig, um einen *Safer Space*[5] zu genießen. Die Gefühle ha-

4 »BIPoC (Black, Indigenous, People of Color) = nicht zu verwechseln mit der rassistischen Fremdbezeichnung ›colored‹ (farbig), ist eine selbst gewählte Bezeichnung einer Gruppe, die rassistische Erfahrung teilt. Wie auch ›Schwarz‹ ist People of Color ein politischer und widerständiger Begriff.« (aus: Autor*innen Kollektiv Rassismuskritischer Leitfaden)

5 »Safer Spaces sind sogenannte Schutzräume und dienen als Empowerment für marginalisierte und/oder von Rassismus betroffenen Menschen. Unter Raum ist kein physischer Raum gemeint, sondern ein sozialer Raum. Diese Räume sind der Versuch, Situationen zu schaffen, je nach Raum, ohne das Vorkommen von Diskriminierungsformen. Dieser Schutz in diesen jeweiligen

ben mich überwältigt, als ich zum ersten Mal nach 32 Jahren ausschließlich mit Menschen zusammen sein konnte, die mich ohne ein Wort, ohne Erklärungen verstanden und angenommen haben. Wir haben gelacht, getanzt und unseren Energien freien Lauf gelassen, ohne das Gefühl zu haben, beobachtet zu werden. Ich habe am Lagerfeuer »Eine Puppe für Ashé« vorgelesen und wir haben von unseren persönlichen Erlebnissen mit Rassismus erzählt. Wir haben uns über das Unwohlsein austauschen können, welches uns jeden Tag begleitet. Über Ängste, über das Mutigsein, und darüber, dass wir immer füreinander da sein werden. Diese Situation hat mich unglaublich darin bestärkt, dass dieses Buch wichtig ist.

Interview mit dem Afrodeutschen Spielkreis

Ich habe ein Interview mit den jungen Menschen vom *Afrodeutschen Spielkreis* geführt. Folgende Frage haben sie beantwortet:

Was wünsche ich mir von *weißen* Menschen in Bezug auf Rassismus?

L »Ich würde gerne, so wie meine Mutter *(weiß)*, einfach mal durch die Stadt gehen, ohne dass Leute mich angucken.«

K »Ich wünsche mir Respekt, und dass die Leute mir zuhören. Ich wünsche mir auch, dass alle gleich behandelt werden.«

N »Ich wünsche mir, nicht angestarrt zu werden.«

G »Ich wünsche mir, dass mir von Lehrer*innen geholfen wird.«

C »Ich wünsche mir, dass meine Meinung angehört wird und ich wünsche mir keine Vorurteile.«

In Bezug auf Rassismus und was ich mir von *weißen* Menschen wünsche, habe ich auch selber diese Frage beantwortet:

Räumen wird gewährleistet, indem die jeweilige privilegierte Gruppe von Diskriminierungsformen nicht teilnimmt (bspw. Ein safer space für queere Personen findet unter Ausschluss von heterosexullen Personen statt, oder ein Safer Space für Schwarze Menschen findet unter Ausschluss von *weißen* Personen und People of Colour statt etc.)". (aus gleich sicher? Sicher gleich? Konzeption (queer) feministischer Schutzräume von Maya Joleen Koktis, Marion Thuswald)

- Ich wünsche mir, dass ich ernst genommen werde.
- Ich wünsche mir, dass ich gefragt werde und nicht mit angeblichem Wissen bombardiert werde.
- Ich wünsche mir, dass ich von meinen *(weißen)* Mitmenschen beschützt werde.
- Ich wünsche mir, dazugehören zu können, ohne mich beweisen zu müssen.
- Ich wünsche mir, nicht als Opfer betrachtet zu werden und Mitleid zu erwecken.
- Ich wünsche mir, dass sich *weiße* Menschen ihrer Privilegien bewusst werden.
- Ich wünsche mir, dass ich ganzheitlich betrachtet werde. Dass nicht nur meine Haut, mein Körper oder meine Haare gesehen, sondern ich als ganzer Mensch mit Leib und Seele erkannt werde.

Abschluss und Danksagung

Ich wünsche mir von Herzen, dass bereits im Kinderzimmer Rassismus thematisiert wird und diese Aufklärungsarbeit nicht vermieden wird, auch wenn es unangenehm erscheint. Wenn wir es nicht tun, wird die Realität insbesondere von Rassismus betroffene Kinder einholen! Das habe ich am eigenen Leibe erfahren müssen.

Es gab Zeiten, in denen ich so sehr vom Außen beeinflusst wurde, dass ich mich selbst nicht greifen konnte. Nun aber nach vielen Crashs, Erkenntnissen und wundervollen Begegnungen, die ich in meinem Leben machen durfte, erkenne ich mein Potential und meine Schönheit. Ich habe gelernt, mich mehr zu akzeptieren und bin dankbar dafür, dass ich bin, wie ich bin.

Zum Schluss möchte ich denen danken, die zu diesem Buch beigetragen haben:
- Ich möchte Anna danken, die alle Texte in beiden Büchern auf ein höheres Niveau gebracht hat und mir viel über mich selbst und Rassismus beigebracht hat.
- Ich danke auch Inken Carstensen-Egwuom für den wichtigen Input.
- Ich möchte den jungen Menschen vom *Afrodeutschen Spielkreis* und auch ihren Eltern danken. Danke, dass wir füreinander da sind. Danke, dass ich meine Erfahrungen mit euch teilen darf. Ihr seid unglaublich mutig, stark und inspirierend.
- Meiner Familie danke ich dafür, dass ihr immer für mich da seid und an mich glaubt.
- Ich danke David Amoateng für eine wundervolle Freundschaft und Zusammenarbeit.

One Love — Alex Tettey

Literaturtipps und Medienhinweise

Für die weitere Vertiefung zum Thema Rassismus und anderen Diskriminierungsformen, insbesondere hinsichtlich zum Anti-Schwarzen Rassismus, möchte ich einige Literaturtipps teilen. Sie können zum einen dabei unterstützen, sich weiterzubilden, um letztendlich den erlernten und strukturellen Rassismus abzubauen, und zum anderen können sie Kinder empowern, indem sie Bücher haben, die sie repräsentieren.

Bundesweit aktive Organisationen (teils mit Lokalgruppen)

- **ADEFRA e.V.** | www.adefra.com
- **Each one Teach One e.V.** | www.eoto-archiv.de
- **ISD-Bund e.V.** | www.isdonline.de

Sachbücher für Erwachsene allgemein

- Autor*innenKollektiv, **Rassismuskritischer Leitfaden – zur Reflexion bestehender und Erstellung neuer didaktischer Lehr- und Lernmaterialien für die schulische und außerschulische Bildungsarbeit zu Schwarzsein, Afrika und afrikanischer Diaspora.** Leitfaden Projekt Lern- und Erinnerungsort Afrikanisches Viertel (LEO) beim Amt für Weiterbildung und Kultur des Bezirksamtes Mitte von Berlin und Elina Marmer (Hrsg.), 2015
- Denise Bergold-Caldwell, Laura Digoh-Ersoy, Hadija Haruna-Oelker, Christelle Nkwendja-Ngoubamdjum, Camilla Ridha, Eleonore Wiedenroth-Coulibaly, **SpiegelBlicke – Perspektiven Schwarzer Bewegung in Deutschland.** Orlanda Frauenverlag, Berlin, 2. Auflage, 2016
- Emilia Roig, **Why we matter – Das Ende der Unterdrückung**. Aufbau-Verlag, Berlin, 3. Aufl. 2021
- Ilka Hügel-Marshall, Nivedita Prasad und Dagmar Schultz, **May Ayim – Radikale Dichterin, Sanfte Rebellin.** Unrast Verlag, Münster, 2021
- Maureen Maisha Eggers, Grada Kilomba, Peggy Piesche, Susan Arndt, **Mythen, Masken und Subjekte – Kritische Weißseinsforschung in Deutschland.** Unrast Verlag, Münster, 4. Auflage, 2017
- May Ayim, Katharina Oguntoye und Dagmar Schultz, **Farbe bekennen – Afro-deutsche Frauen auf den Spuren ihrer Geschichte.** Orlanda Frauenverlag, Berlin, 2007
- Natasha A. Kelly, **Rassismus – Strukturelle Probleme brauchen strukturelle Lösungen!** Atrium Verlag AG, Zürich, 2021
- Natasha A. Kelly, **Schwarzer Feminismus – Grundlagentexte.** Unrast Verlag, Münster, 2019
- Noah Sow, **Deutschland SchwarzWeiß.** Books on Demand, Hamburg, 2018

- Tupoka Ogette, **Exit Racism – rassismuskritisch denken lernen.** Unrast Verlag, Münster, 9. Auflage, 2019

Sachbücher speziell für Erwachsene, die mit Kindern über Rassismus sprechen lernen möchten

- Josephine Apraku, **Wie erkläre ich Kindern Rassismus? – Rassismussensible Begleitung und Empowerment von klein auf.** Familiar Faces, Berlin, Neuauflage, 2021
- Nkechi Madubuko, **Empowerment als Erziehungsaufgabe – Praktisches Wissen für den Umgang von Rassismuserfahrungen.** Unrast Verlag, Münster, 2020
- Olaolu Fajembola, **Afrokids – ein Ratgeber für die ersten Lebensjahre Schwarzer Kinder.** Unrast Verlag, Münster, 2016
- Olaolu Fajembola und Tebogo Nimindé-Dundadengar, G**ib mir mal die Hautfarbe – Mit Kindern über Rassismus sprechen**. Beltz Verlag, Weinheim, 2021

Bücher für Jugendliche (und Erwachsene)

- Anne Chebu, **Anleitung zum Schwarzsein.** Unrast Verlag, Münster, 2016
- Pädagogisches Zentrum Aachen, **Schwarzes Europa. Legenden, die uns verborgen blieben – Schwarze Jugendliche auf den Spuren ihrer Geschichte.** Pädagogisches Zentrum Aachen, Aachen, 2017
- SVK, **Wir sind Heldinnen – Selbstverteidigungskurs mit Worten.** W_orten&meer, Hiddensee, 2017
- Tiffany Jewell und Aurélia Durand, **Das Buch vom Antirassismus – 20 Lektionen, um Rassismus zu bekämpfen.** Zuckersüß Verlag, Berlin, 2. Auflage, 2020

Bücher für Kinder (und Erwachsene)

- Dayan Kodua, **Odo.** Gratitude Verlag, Hamburg, 2019
- Dayan Kodua, **Odo und der Beginn einer großen Reise.** Gratitude Verlag, 1. Auflage, Hamburg 2021
- Francesca Sanna, **Geh weg, Herr Berg!** Atlantis Verlag, Zürich, 2018
- Frank Murphy, **Ein Junge wie du.** Zuckersüß Verlag, Berlin, 2. Auflage, 2020
- Frank und Carola Murphy, **Ein Mädchen wie du.** Zuckersüß Verlag, Berlin, 2. Auflage, 2021
- Jessica Love, **Julian feiert die Liebe.** Knesebeck Verlag, München, 2021
- Jessica Love, **Julian ist eine Meerjungfrau.** Knesebeck Verlag, München, 1. Auflage, 2020

- Jessica Sanders, **Liebe Deinen Körper – Die Anleitung zur Selbstliebe.** Zuckersüß Verlag, Berlin, 5. Auflage, 2020
- Karin Beese, **Nelly und die Berlinchen – Rettung auf dem Spielplatz.** Ha-Wandel Verlag, Berlin, 2020
- **Kinderstark Magazin.** Heine & Heine Gbr, Berlin, Vierteljährlich, www.kinderstark-magazin.de/
- Kristina Murray Brodin und Bettina Johansson, **Warum weint der Papa?** Maria Benson Verlag, Berlin, 2019
- Lauren Child, **Bleibt der jetzt für immer?** Carl Hanser Verlag, München, 2016
- Lupita Nyongo, **Sulwe.** Mentor Verlag, Berlin 2021
- Nancy J. Della, **Das Wort, das mir Bauchschmerzen macht.** Edition assemblage, Münster, 2014
- Tayo Awosusi-Onutor, **Jokesi Club. Jekh, Dui, Drin – 3 Freundinnen in Berlin.** Tayo Onutor, 1. Auflage, 2021

Podcasts auf Deutsch

- **Black and Breakfast** | www.blackandbreakfast.de
- **Feuer und Brot** | www.feuerundbrot.de
- **Kanackische Welle** | www.funk.net
- **Made in Germany Podcast** | www.youtube.com/c/MadeInGermanyPodcast
- **Matatau Podcast** | matatupodcast.podigee.io/
- **Tupodcast** | tupodcast.podigee.io/

Impressum

Dieses Heft ist Bestandteil des Buches »Eine Puppe für Ashé« von Alex Tetteyfio Bergfeld (Text) und Vladimíra Cabanová (Bilder). Fachliche Beratung und Co-Autorin: Anna van Hoorn.

Verlag Monika Fuchs, Hildesheim 2021 | ISBN des Buches: 978-3-947066-37-7

Klimaneutral
Druckprodukt
ClimatePartner.com/14701-2102-1003

»Das freut mich sehr, Ashé.
Ich möchte dir sagen, dass ich immer für dich da bin.
Ich höre dir zu, wenn du mich brauchst.
Es tut mir leid, dass du gestern wegen der Puppe
so traurig warst. Deine Eltern haben mich abends angerufen
und mir alles erzählt.
Danach habe ich noch lange mit Herrn Doll telefoniert.
Er wird jetzt neuen Stoff kaufen und damit Puppen machen,
die verschiedene Hauttöne haben. Einige von ihnen werden
sehr bald bei uns in den Kindergarten einziehen.«

Als sie das hören,
jubeln Ashé und Mika
vor Freude und rennen
mit ihren Puppen über
den ganzen Spielplatz.

Wir sind Ashés Puppen!
Wir sind Josi, Kwame
und Mira.

LITTLE ASHÉ Stoffpuppen helfen spielerisch dabei, Kindern die Selbstverständlichkeit von Vielfalt aufzuzeigen.

Jede Puppe ist handgefertigt aus Biostoffen (GOTS, OEKO- TEX®) in einem präzisen Herstellungsverfahren nach CE-Standard für Babys und Kinder.

Wir haben uns in Hamburg und Kumasi gegründet und sind mittlerweile ein festes Team aus 10 Mitarbeiter:innen. Ein einzigartiges Netzwerk ist in Ghana gewachsen aus unserer eigenen Puppenmanufaktur, einer Kooperation mit einer Schneiderschule und kreativer Bildungsarbeit an einer Grundschule.

Diversität **Biostoffe** **Fairer Handel** **Transparenz**

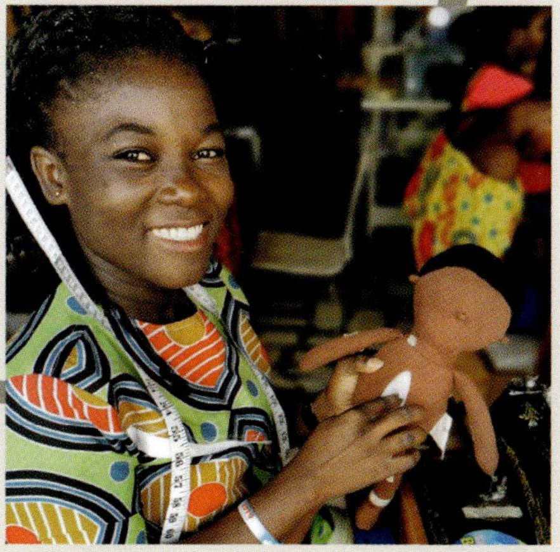

Durch den fairen Produktionsprozess förderst du beim Puppen kaufen auch gleich das Empowerment für Frauen.

Wir halten die Wertschöpfungskette so kurz wie möglich und aus einer Hand, um eine faire Bezahlung und faire Arbeitsbedingungen zu garantieren, die wir persönlich im Blick haben.

Unsere Puppen of Color sind für alle Kinder geeignet. Sie ermöglichen besonders die Entwicklung einer Selbstidentifikation bereits von klein auf.

Wir erleben viele spannende Geschichten. Komm mit und erfahre mehr über uns!

@littleashedolls

www.littleashe.com

Alex Tetteyfio Bergfeld

Autor (he/er)

Alex Tetteyfio Bergfeld wurde 1988 in Bonn (Deutschland) geboren und wuchs als Teil der dänischen Minderheit in Flensburg auf. Er war zehn Jahre lang Lehrer, heute ist er Lebensberater, Musiker und Kinderbuchautor. Mit seinem Buch »Eine Puppe für Ashé« und dem dazugehörigen Beiheft möchte er nach eigenen Rassismuserfahrungen eine Möglichkeit schaffen, Rassismus frühzeitig mit Kindern zu thematisieren.

Vladimíra Čabanová

Illustratorin (she/sie)

Vladimíra Čabanová wurde 1983 in Detva (Slowakei) geboren. 2006 schloss sie ihr Studium als Kunstlehrerin ab, danach machte sie in London Kurse zum Thema Kinderbuchillustration und hat inzwischen mehrere Kurzgeschichten illustriert. Seit 2018 lebt sie mit ihrer Familie in Portugal. »Eine Puppe für Ashé« ist ihr erstes Bilderbuch. – Für Vladimíra Čabanová geben Bilderbücher Kindern erste Einblicke in eine Welt, die außerhalb der Familie liegt. Deshalb ist es für sie wichtig, dass sich *jedes* Kind in Büchern wiederfindet – was besonders durch Bilder geschieht. Ihre größte Inspiration ist ihr Sohn, der bereits ein kleiner Bücherwurm ist.

Anna van Hoorn

Fachberatung (she/sie)

Anna van Hoorn ist Absolventin der romanischen Linguistik und zertifizierte Trainerin für politische Bildungsarbeit. Derzeit arbeitet sie als wissenschaftliche Mitarbeiterin im EU Forschungsprojekt CHIEF an der Hochschule für Angewandte Wissenschaft Hamburg.

Impressum

www.verlag-monikafuchs.de
www.littleashe.com

Bibliografische Informationen der Deutschen Nationalbibliothek:
Die Deutsche Nationalbibliothek verzeichnet diese Publikation in der Deutschen Nationalbibliografie;detaillierte bibliografische Daten sind im Internet über http://dnb.d-nb.de abrufbar.˝

ISBN 978-3-947066-37-7

Layout und Satz: Die Bücherfüxin | www.buecherfuexin.de
Illustrationen: Vladimíra Čabanová
Text: Alex Tetteyfio Bergfeld in Zusammenarbeit mit Anna van Hoorn

Printed in Bulgaria 2021 | www.alliance-print.com

Klimaneutral
Druckprodukt
ClimatePartner.com/14701-2102-1003

Der CO2-Ausgleich für den Druck dieses Buches fließt in ein Klimaprojekt in Kamerun.